THE SECURITY-CORDEL

Der Sicherheitsgurt

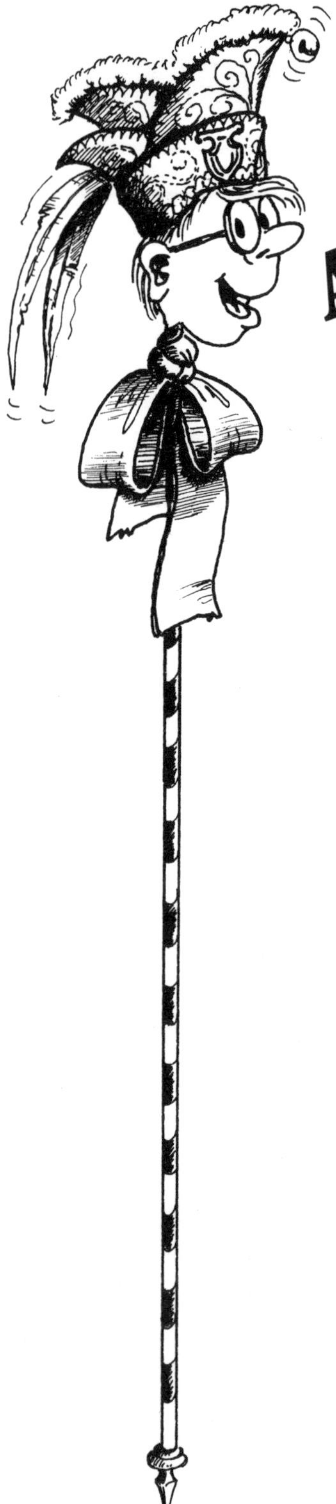

ALMOST-NIGHT RUNAWAYS

FASTNACHTS-RUNAWAYS

THE PAPER-BANG-BANG
Die Konfettikanone

THE HAPPY-SOCIETY
Die Fastnachtsgesellschaft

THE JOKERS-FREEDOM
Die Narrenfreiheit

THE CRAZY-DAYS
Die tollen Tage

THE FUNKY-MARY
Das Funkenmariechen

THE TRI-STARS
Das Dreigestirn

THE POT-STORY
Die Büttenrede

THE SITTING-BULL
Der Sitzungspräsident

SERIOUS NEGRO
Ernst Neger

THE OFFICE-GIRLFRIEND

Die Büroklammer

THE CLEANING-DEVIL
Der Putzteufel

THE COUNTRY-CHAIR
Der Landsitz

THE SECURITY-ANGEL
Der Schutzengel

THE MONEY-MARKET
Die Geldbörse

THE STICK-OFFICER
Der Stabsoffizier

THE DRIVING-PARK
Der Fuhrpark

THE KNOW-HOW-CHAMPION
Der Nobelpreisträger

THE THIN-WOOD-TURNER
Der Dünnbrett-Bohrer

THE ADMINISTRATION WHITE-HORSE
Der Amtsschimmel

THE OLDIE BUT GOLDIE
Der Rentner

THE ANIMATION-BIRD
Der Lockvogel

THE PUB-CONTROLLER
Der Wirtschaftsprüfer

THE HAPPY-WIGWAM
Das Zirkuszelt

THE FIRE-DIRECTOR
Die Feuerleiter

THE MOONSHINE-MONEY
Der Mondscheintarif

THE NEWS-TALKSHOW
Die Pressekonferenz

THE FUTURE-DESIGNS
Die Zukunftspläne

THE SHORT-FINISH
Der Kurzschluß

Mr . . . .*

MISTER LAYAWAY
Der Verleger

MISTER ONE-AND-ONLY
Das Unikum

MISTER GENERAL FULLPOWER
Der Generalbevollmächtigte

MISTER HAPPY-NATURE
Der Frohnatur

MISTER - MISTER
Herr Herr

MISTER TURNTABLE
Der Discjockey

MISTER INSIDE-OUT
Der Rausschmeißer

MISTER FOLLOW-ME
Der Lotse

MISTER HOT-DOG
Der Würstchenverkäufer

One is **no** Runaway! Which? On-liquid on the last page
Einer ist **kein** Runaway! Welcher? Auflösung auf der letzten Seite

THE LOLLYPOP-CAT

Die Naschkatze

THE TROUBLE-APPLE

Der Zankapfel

DOCTOR BEAUTY — Schönheitschirurg

DOCTOR BONE — Orthopäde

DOCTOR HEARTBEAT — Herzspezialist

DOCTOR SLEEP — Anästhesist

DOCTOR RECYCLING — Urologe

DOCTOR TELEVISION — Röntgenologe

DOCTOR FEELGOOD — Psychologe

DOCTOR FRANCSTONE — Pathologe

DOCTOR HONOUR — Dr. honoris causa

RUNAWAY-FAMILIES

Wortfamilien zum Weglaufen

UNION-DOCTOR-ROOM
Bundesärztekammer

UNION-MEAL-COURT
Bundesgerichtshof

UNION-KING
Bundespräsident

SALAMANDER-JOGGING
Krötenwanderung

BABY-JOGGING
Schwangerschaftsgymnastik

ROSY-MONDAY-JOGGING
Rosenmontagszug

PAINTING-SAUSAGE
Streichwurst

PAINTING-WOOD
Streichholz

PAINTING-ORCHESTRA
Streichorchester

THE TURNING-FOOD

Das Bohrfutter

THE SECURITY-CASTLE
Das Sicherheitsschloß

THE CLEVER-PACKAGE
Die Mogelpackung

THE SHADOW-GANG
Das Schattenkabinett

THE PAINTING-DEPARTMENT
Die Kosmetikabteilung

THE EMPEROR-CUT
Der Kaiserschnitt

THE FLYING TROUBLE
Das schwebende Verfahren

THE SEXUAL BREAKDOWN
Der Samenkoller

THE STOLTEN-BUILDING
Der Raubbau

THE WINCHESTER-WOMAN
Das Flintenweib

THE TOILET-SOLUTION
Die Doppelte Null-Lösung

THE RHYTHM-KING
Der Chefdirigent

THE BRAKE-CHEEKS
Die Bremsbacken

THE CONDOM-STICKER
Der Tütenkleber

THE SHOWER-PRINCIPLE
Das Gießkannenprinzip

THE ALCOHOLIC-DROP
Der Wermutstropfen

THE JESUS-WALKERS
Die Jesuslatschen

THE FLYING-MOTHER
Die Flügelmutter

THE PLAYBOY-BAG
Die Lümmeltüte

Runnie's VIP-CORNER

MR. FRANK STONE-COOLER
Franz Steinkühler

DOCTOR SOUR-BREAK
Doktor Sauerbruch

BURNHARD BIRD
Bernhard Vogel

RONNIE EMPEROR
Roland Kaiser

MRS. SWEET-COURAGE
Rita Süssmuth

CHARLIE CAMP-FIELD
Carl Lagerfeld

NICK SITUATION
Klaus Lage

WILLY FIRE
Willy Brandt

GEORGIE OF THE LIP
Jürgen von der Lippe

THE CHEWING-GUM-LAW

Der Gummiparagraph

THE MUSICIAN-BONE

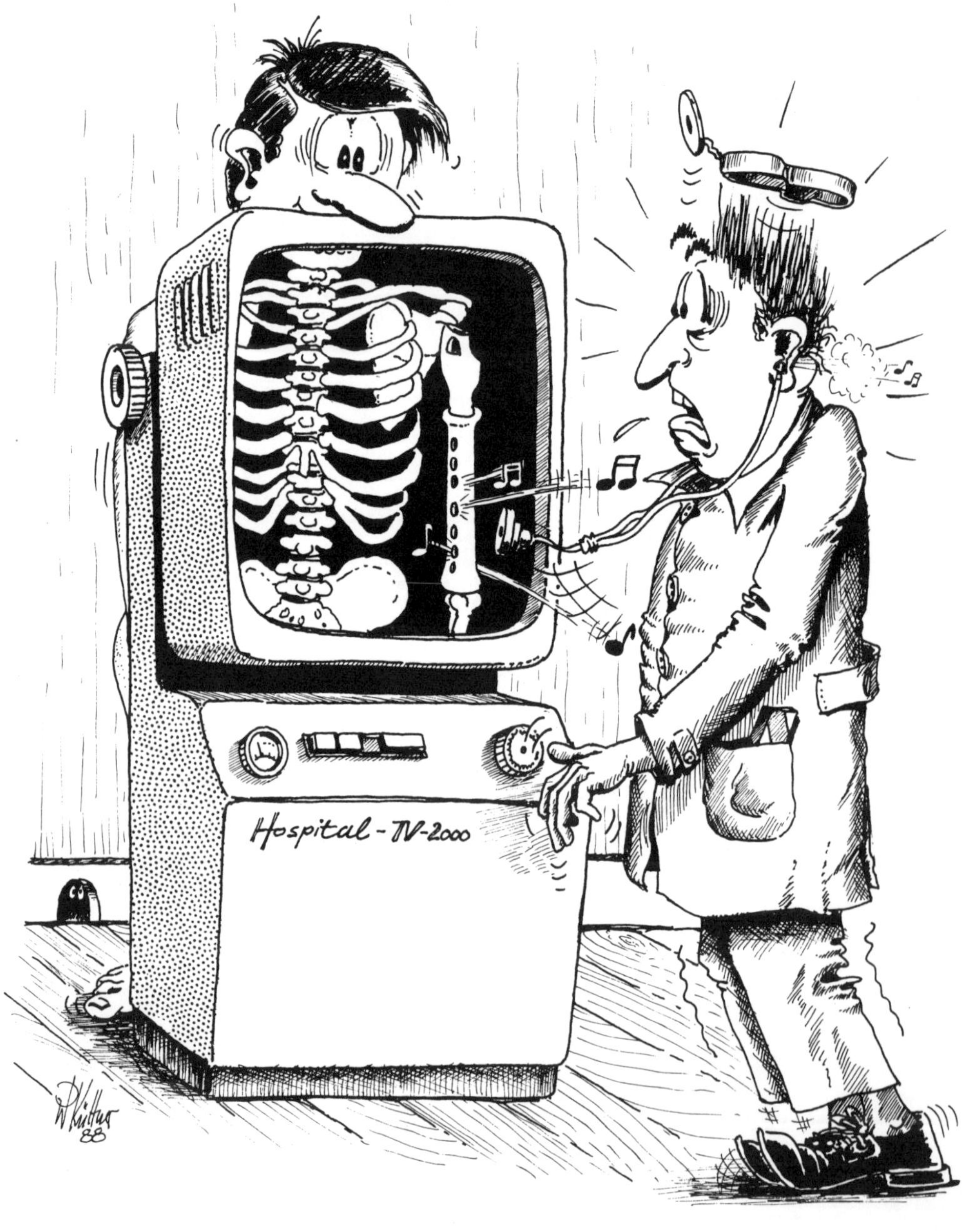

Der Musikantenknochen

SPEAKS
Sprüche

I AM TOTALLY BURNED-DOWN
Ich bin total abgebrannt

DRAW HIM THE FUR OVER THE EARS
Zieh ihm das Fell über die Ohren

THAT HAS OVERHEAD NO TOGETHER-HANGING

Das hat überhaupt keinen Zusammenhang

MY FAR-SEEING PICTURE-UMBRELLA-CYLINDER IS IN THE BUCKET
Meine Fernseh-Bildschirmröhre ist im Eimer

DONT'T WALK HIM ON THE GLUE
Geh ihm nicht auf den Leim

OH, YOU GREEN NINE . . .
Ach, du grüne Neune

I THINK MY HAMSTER IS POLISHING
Ich glaub', mein Hamster bohnert

THE NIGHTCLUB-MONEY
Das Bargeld

THE PAGE-EXIT
Der Seitenausgang

THE RAIN-STORY
Die Schauergeschichte

THE WIND-PROTECTION-DISK
Die Windschutzscheibe

THE PRISON-DUTY-SECURITY
Die Haftpflichtversicherung

THE FLY-STUFF
Das Flugzeug

THE TEN-WALK-WHEEL
Das Zehngang-Rad

THE CHILDREN-EGG
Die Kinderei

THE CHOCOLATE-SHOP-CREAM-CAKE
Die Schokoladencreme-Torte

THE MEAT-RACE

Die Schnitzeljagd

THE TRUTH-DADDY
Der Beichtvater

THE BIG BUSINESS
Das große Geschäft

THE ROOM-SOUND
Der Kammerton

THE SECURITY-JACK
Der Versicherungshansel

THE PRINCIPLE-JOCKEY
Der Prinzipienreiter

THE WEATHER-OUTLOOKS
Die Wetteraussichten

THE APPLE-SENSATION
Das Busenwunder

THE TURNING-PANE MAINHATTAN
Die Drehscheibe Frankfurt

THE STEAMSHIPTOUR-SOCIETY
Die Dampfschiffahrts-Gesellschaft

THE MILK-GIRL-BILL
Die Milchmädchenrechnung

THE SEXY-SALAMANDER
Der Lustmolch

THE CRY-MIXER
Der Weinpanscher

THE DREAD-CORDEL-SHOW
Der Drahtseilakt

THE LIGHT-PICTURE-STORY
Der Lichtbildervortrag

THE FIELD-PICKER
Der Feldstecher

THE BIG-ROOM-BOX
Der Großraum-Behälter

THE CRYING-BRIDGE
Die Seufzerbrücke

THE DEEP-GENTLEMAN
Der Flachmann

KRAUT & CARROTS

Kraut und Rüben

TOO MUCH GLUE ISN'T GOOD FOR YOU!
Zuviel Leim hält nicht

*

THE SANDWICH
Hexe, die im Sand liegt

*

HUMAN-BEING DON'T BE SOUR
Mensch ärgere Dich nicht

*

DIE ORGASMUS-SORGEN-KAPELLE
The Climax-Blues-Band

*

HE IS BOSSIER THAN THE BOSS
Er ist päpstlicher als der Papst

*

LADIES FIRST – JAMES LAST

I MUST PULL A CHICKEN WITH YOU
Ich muß ein Hühnchen mit Dir rupfen
HE IS A BOILED-DOG
Er ist ein abgebrühter Hund
MAKE YOUR BUTLER
Mach deinen Diener
I MAKE YOU MOUTH-DEAD
Ich mach' dich mundtot
EXTREMELY COOL-NOSY
Echt kalt-schnäuzig

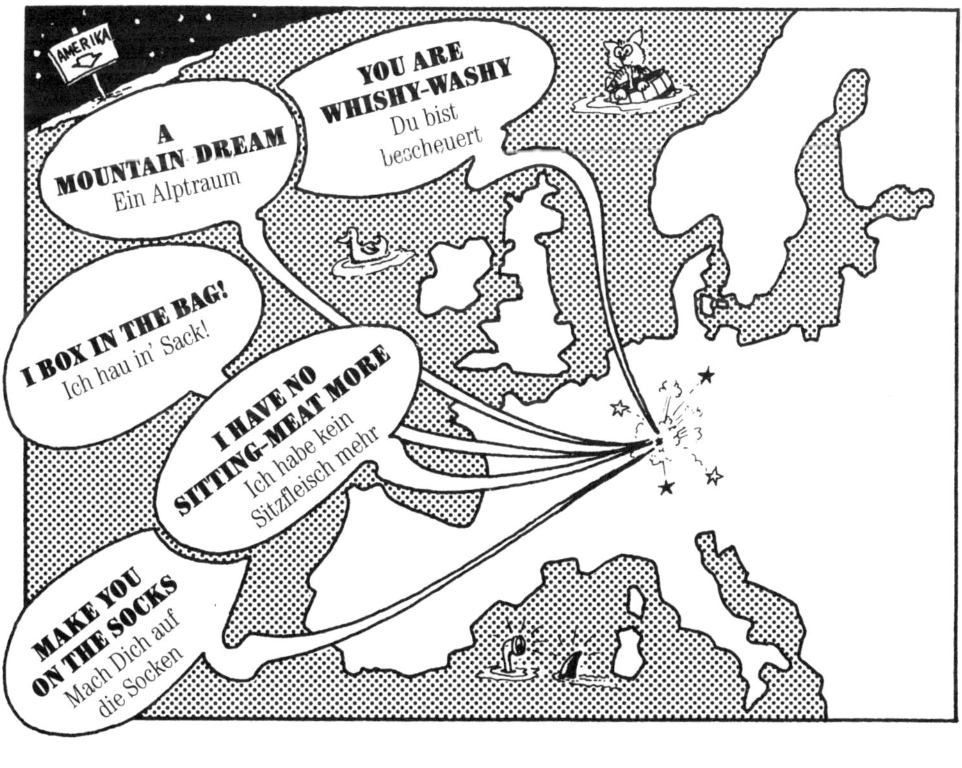
AMERIKA
YOU ARE WHISHY-WASHY
Du bist bescheuert
A MOUNTAIN DREAM
Ein Alptraum
I BOX IN THE BAG!
Ich hau in' Sack!
I HAVE NO SITTING-MEAT MORE
Ich habe kein Sitzfleisch mehr
MAKE YOU ON THE SOCKS
Mach Dich auf die Socken

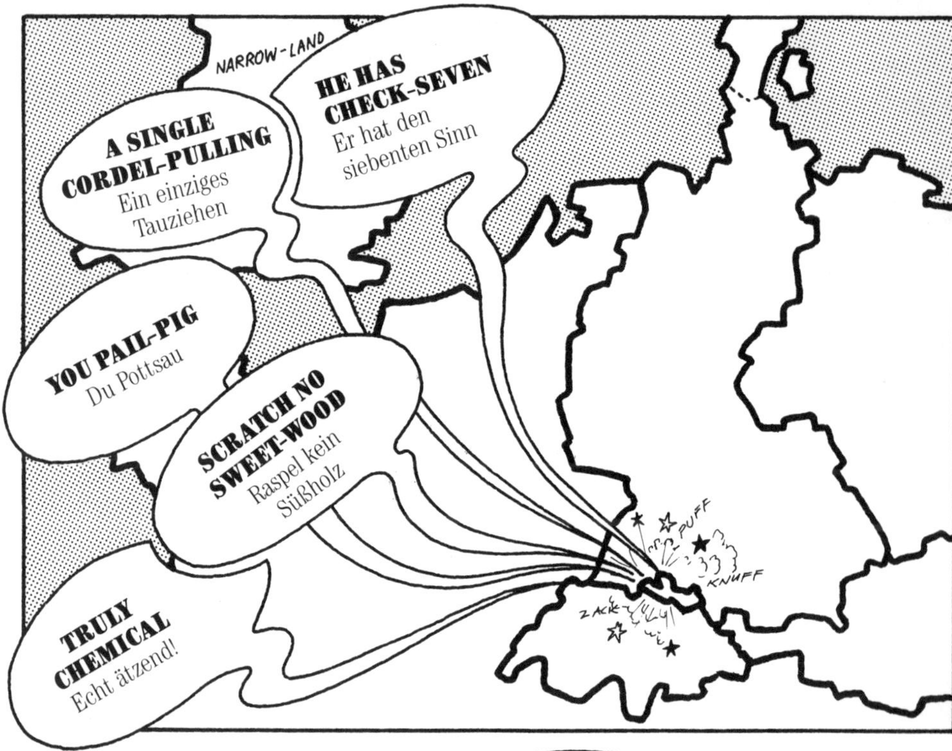
NARROW-LAND
A SINGLE CORDEL-PULLING
Ein einziges Tauziehen
HE HAS CHECK-SEVEN
Er hat den siebenten Sinn
YOU PAIL-PIG
Du Pottsau
SCRATCH NO SWEET-WOOD
Raspel kein Süßholz
TRULY CHEMICAL
Echt ätzend!
PUFF
KNUFF
ZACK

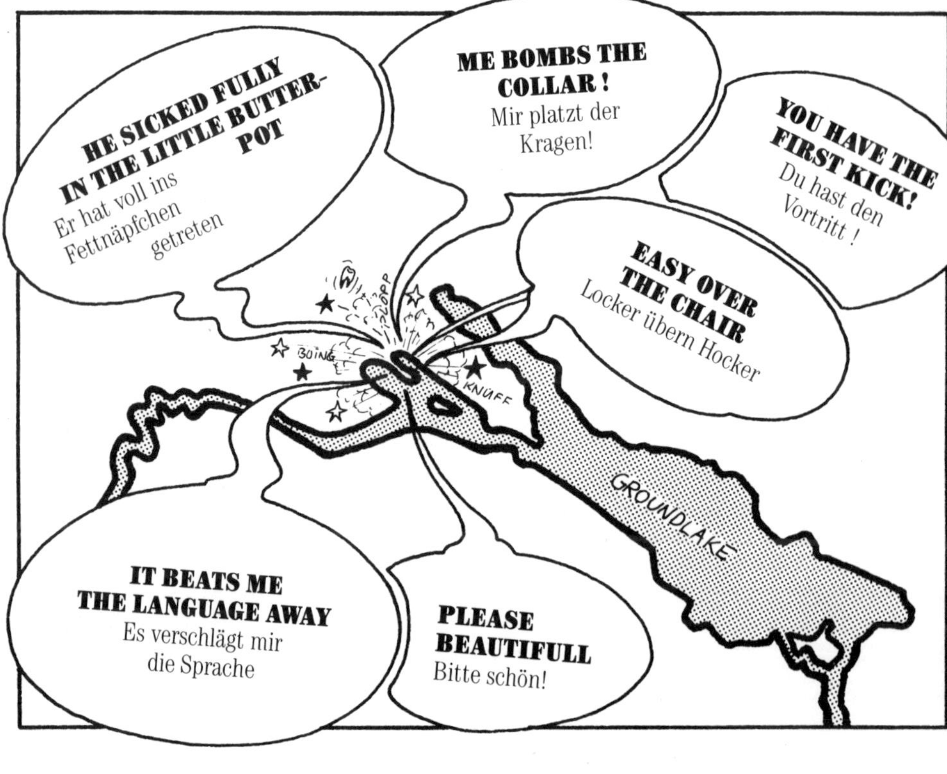
HE SICKED FULLY IN THE LITTLE BUTTER-POT
Er hat voll ins Fettnäpfchen getreten
ME BOMBS THE COLLAR !
Mir platzt der Kragen!
YOU HAVE THE FIRST KICK!
Du hast den Vortritt !
EASY OVER THE CHAIR
Locker übern Hocker
BOING
KNÜFF
GROUNDLAKE
IT BEATS ME THE LANGUAGE AWAY
Es verschlägt mir die Sprache
PLEASE BEAUTIFULL
Bitte schön!

HE TRAFFICS IN HIGHEST CIRCLES
Er verkehrt in höchsten Kreisen
THIS IS A HELLO WITH THE FENCE-WOOD
Das ist ein Wink mit dem Zaunpfahl
I GO ON NUMBER SECURITY
Ich geh' auf Nummer Sicher !
WHEN ALREADY THEN ALREADY
Wenn schon – denn schon
zzzzZZZ

HE PAYS WITH CASH-COIN!
Er zahlt mit barer Münze
PUSH IN ALL MONEY-POSITIONS
Druck in allen Preislagen
HE IS A DUSTY-BROTHER
Er ist ein staubiger Bruder
I'M BAGGED
Ich bin gebeutelt

YOU HAVE A PICK IN THE GREEN
Du hat einen Stich ins Grüne
YOU ARE A NUMBER IN THE AIR !
Du bist eine Luftnummer!
HE SITS ON THE HIGH HORSE
Er sitzt auf dem hohen Roß!
OH, YOU BIG EGG !
Ach du dickes Ei!
I PICKNICK OUT!
Ich raste aus!

ALPHABET

To afterbeat / Zum Nachschlagen

PART 1 (A – I)

THE APPLE-HURRICANE
Apfelstrudel

THE BIRD-BALL
Meisenknödel

THE CALCULATION-CITY
Rechenzentrum

THE DRINKING-BIRD
Schluckspecht

THE EARLY LEFT-VOICE-WALTZ
Frühlingsstimmen-Walzer

THE FOOD-PIPELINE
Speiseröhre

THE GROWING-CANDLE
Wachskerze

THE HORSE-HOLIDAY
Roßkur

THE INPUT-OUTPUT-SOCIETY
Wegwerfgesellschaft

THE HANGING-FUN
Der Galgenhumor

THE LAUGHING-DOVE
Die Lachtaube

THE SAVING-ROLL
Das Sparbrötchen

THE FREE-ALCOHOL-FACE
Das Freibiergesicht

THE OPINION-SPLITTING
Die Meinungsverschiedenheit

THE HANG-BELLY-PIG
Das Hängebauch-Schwein

THE LOVE-RECYCLING-COMPANY
Das Ehevermittlungsinstitut

THE WEST-GERMAN ROUND-RADIO
Der Westdeutsche Rundfunk

THE BACKSIDE-WASHING-MACHINE
Das Bidét

THE LOVE-BITS
Die Streicheleinheiten

THE MONEY-NUMBERS
Die Lottozahlen

THE FIRE-FACTORY-BODY
Der Feuerwerkskörper

THE SITTING-POLITICS
Der Sitzstreik

THE NONSENSE-KITCHEN
Die Gerüchteküche

THE GENTLEMAN A GO-GO
Der Kavaliersstart

THE CORDEL-TV
Das Kabelfernsehen

THE BRAIN-DOWN
Der Kopfstand

THE LUCKY-HAIR
Die Glückssträhne

THE ECONOMY-SOCK
Der Sparstrumpf

THE WIRE-DONKEY
Der Drahtesel

THE POWER-STREAM-MANAGEMENT
Die Starkstromleitung

THE WALL-GENIUS
Die Wandleuchte

THE MEAL-FULL-PULLER
Der Gerichtsvollzieher

THE MOUNTAIN-TRUMPET
Das Alphorn

THE EARTH-CUSTOMER-SPECIALIST
Der Erdkunde-Lehrer

THE TROUSER-STABLE
Der Hosenstall

THE POOR-TAPE-WATCH
Die Armbanduhr

THE HIGH-ANIMAL

Das hohe Tier

RUNAWAYS THAT ARE NO RUNAWAYS*

Runaways, die keine sind

THE SNAP-SHOT
Der Schnappschuß

THE WELCOME-DRINK
Der Begrüßungs-Trunk

THE PEPPERED PRICES
Die gepfefferten Preise

THE ADAM'S-APPLE
Der Adamsapfel

THE DRUM-SKIN
Das Trommelfell

THE KINDER-GARDEN
Der Kindergarten

THE HEAD-MONEY
Das Kopfgeld

THE AIR-GUN
Das Luftgewehr

* One ist a Runaway! Which? On-liquid on the last page
Einer ist ein Runaway! Welcher?
Auflösung auf der letzten Seite

WHITENESSES *Dummheiten* *AND* *Weisheiten* FOOLISHNESSES

MY FEET LIVE:
THEY GIVE SMOKESIGNS
Meine Füße leben: Sie geben Rauchzeichen

MY OVERALL IS BURNING!
Mir brennt der Kittel!

GRANDMA'S SPARE-SOCK BLOCKS THE PUB
Großmutters Sparstrumpf bremst die Wirtschaft

SOMETIMES THE LETTERCARRIER
MUST RESET THE HOUSEFRIEND
Manchmal muß der Briefträger den Hausfreund ersetzen

THE AFTERCOMINGS ARE THE
BEHINDRESTED OF THE
BEFOREDRIVINGS
Die Nachkommen sind die Hinterbliebenen
ihrer Vorfahren

Kunde: SHALL I BECOME A
BLOODY SAUSGE?
Kellner: NEVER I HOPE, SIR

THE FOXTAIL

Der Fuchsschwanz

ALPHABET

TO AFTERBEAT / ZUM NACHSCHLAGEN

PART 2 (J – R)

THE JAIL-COMMAND
Haftbefehl

THE KICK-MILL
Tretmühle

THE LOOK-LOOK-WATCH
Kuckucks-Uhr

THE MEDICAL AIR-VILLAGE
Luftkurort

THE NOSE-LIQUID-SPOON
Rotzlöffel

THE OLDTIMER-LOOK
Alterserscheinung

THE POOR-LAMP
Armleuchter

THE QUICK-TRACK-CONECTION
Schnellbahnverbindung

THE RUSTY-SUMMERHOUSE
Die Rostlaube

THE TOP-SHOT
Das Dachgeschoß

THE NAIL-CHECK
Die Nagelprobe

THE WET-PRISON
Die Naßzelle

THE HIGH-SPEED-BRAIN
Der Schnellmerker

THE TOP-OF-THE-FINGER-FEELING
Das Fingerspitzengefühl

THE TOMATO WITHOUT CHARACTER
Die treulose Tomate

THE SHORT-TIME-WAKE-MACHINE
Der Kurzzeit-Wecker

THE POUND-FULL-OF-FELLOW
Der Pfundskerl

THE SHIT-HERBIE
Der Mistkäfer

THE SHOOTING-PENCIL
Der Patronenfüller

THE MOOD-VALLEY
Das Stimmungstief

THE WORLDWIDE PUB-TROUBLE
Die Weltwirtschaftskrise

THE UNDER-THE-OCEAN-SHIP
Das Unterseeboot

THE SHOOTING-RECORD
Die Schießscheibe

THE RADIO-STRIPE-CAR
Der Funkstreifenwagen

THE SITTING-CONTROL
Das Sitzungsprotokoll

THE CUT-RACING
Das Fracksausen

KRAUT & CARROTS

Kraut und Rüben

HOW-UP DO HIGH-KNIE
Hau ab, du Heini

*

THE ONELIVERNOTIFYOFFICE
Das Einwohnermeldeamt

*

THAT DOESN'T WALK
Das geht nicht

*

FIVE FOR HIGH-NOON
Fünf vor Zwölf

*

ON SERVICE-DAY IS SHE NOT HESHONE
Am Dienstag ist sie nicht erschienen

*

TOTALLY K.O.-TABLE
Total chaotisch

HE HAS A SLOWLY SOFTWARE

Er ist schwer von Begriff

THE SMELL-SWINGER

Der Riechwedel

(Blumenstrauß)

THE FEVER-KNIFE
Der Fiebermesser

THE RIVER-POOR
Der Flußarm

THE EAR-FIG
Die Ohrfeige

THE TOM-CAT'S EARLY-PIECE
Das Katerfrühstück

THE SPEED-POCKET-CLOTH
Das Tempotaschentuch

THE TROUBLE-DOCTOR-CAR
Der Notarztwagen

THE WORKS-BURST
Der Arbeitsplatz

THE PICTURE-EARL
Der Fotograf

THE TRUCK-CAVE
Die Lasterhöhle

THE EXAMPLE-HUSBAND
Der Mustergatte

THE CROSS-TRAIN
Der Kreuzzug

THE OPINION-CARD
Die Ansichtskarte

THE CUTTER-EDUCATION
Die Schneiderlehre

THE WAITING-SNAKE
Die Warteschlange

THE ONE-SENTENCE-BOSS
Der Einsatzleiter

THE GERMAN WEATHER-FACTORY
Der deutsche Wetterdienst

THE CRASH-TEMPO-SERVICE
Der Schadenschnelldienst

THE BOWL-CAMP
Das Kugellager

THE ENGINE & WHEEL
Das Motorrad

THE BLUE-MAN
Der Blaumann

THE LOVER-GANGSTER
Der Heiratsschwindler

THE PEOPLE-COUNT-DOWN
Die Volkszählung

THE MOTOREATER
Der Kolbenfresser

THE DOUBLE-BROTHER
Der Zwillingsbruder

THE FORK-LIFT*
Der Gabelstapler

THE NO-BABY-DROPS
Die Antibabypille

THE TAX-COPY-LAW
Das Steuerabschreibungs-Gesetz

* Kein Runaway! Heißt wirklich so.

THE PIGWEATHER

Das Sauwetter

RUNAWAY K.O.'s

THE DANUBESTEAMSHIP-DRIVINGSOCIETYCAPTAIN-HATKNITTER
Der Donaudampfschiffahrtsgesellschaftskapitänsmützenstricker

THE CASH-CASH
Die Barkasse

SCARLETMOUNTAIN-MASTERFIRE
Scharlachberg Meisterbrand

TODAY TO DAY
heutzutage

HOW UP-RAINING
wie aufregend

LET-O
Lasso

TWO-G
Zweig

THE EGGMANAGER-INFECTION
Die Eileiterinfektion

Runnie's

ALPHABET

TO AFTERBEAT / ZUM NACHSCHLAGEN
PART 3 (S–Z)

THE SEX-SINNER-COLLECTION
Verkehrssünder-Kartei

THE TOOTH-BIKE-TRAIN
Zahnradbahn

THE UNDER-WATER-AEROBIC
Unterwassermassage

THE WEATHER-WITCH
Gewitterhexe

THE X-RAY-EDUCATION
Durchblickerlehrgang

THE YUPPIE-WATER
Sekt

THE ZERO-ZERO-TRICK
Doppelte Null-Lösung

Geh sofort zur Leitung und mach den Hahn zu!

THE PILLOW-BATTLE

Die Kissenschlacht

KEEP ON . . . „RUNNING“ . . .

THE STRETCHER
Der Spanner

THE STEER-BACK-PULLING
Die Steuerhinterziehung

THE BREAK-MIDDLE
Das Brechmittel

THE COUNTRY-PAINTER
Der Landstreicher

THE LUXURY-SHAVER
Der Nobel-Hobel

THE PRISON-BROTHER
Der Knastbruder

THE SWITCH-YEAR
Das Schaltjahr

THE OPEN-AIR-PICTURE
Die Luftaufnahme

THE SEX-FACTURY
Das Triebwerk

THE NO-DRINK-TOUR
Die Durststrecke

THE PORTEMONNAIE-NOISE
Der Börsenkrach

THE WINNER-TRUMPET
Die Siegesfanfare

THE PICTURE-NEWS
Die Bildzeitung

THE PICTURE-HAPPENING
Die Pinakothek

THE HEART-STEP-MAKER
Der Herzschrittmacher

THE SHOCK-BANG-PISTOL
Die Schreckschußpistole

THE PUSH-AND-PULL-THINKING
Das Schubladendenken

THE PATCH-SCANDAL
Die Flick-Affäre

THE KICK-AND-ROLL
Der Tretroller

THE HUNGER-CASH
Der Hungerlohn

THE SEX-INFORMATION
Der Verkehrshinweis

THE FAR-SPEAK-DICTIONARY
Das Fernsprechverzeichnis

THE PRESSURE-MISTAKE-DEVIL
Der Druckfehlerteufel

THE SPECIAL-FOOL
Der Fachidiot

THE NEWSPAPER-VOICES
Die Pressestimmen

THE BODY-WORK-TAX
Die Körperschafts-Steuer

Runnie's

DO-IT-YOURSELF-RUNAWAYS

THE DO-IT-YOURSELF COWBOY
Die Selbstschußanlage

THE DO-IT-YOURSELF BAKERY
Der Toaster

THE DO-IT-YOURSELF INTELLIGENCE
Das Selbstverständnis

THE DO-IT-YOURSELF SEX
Die Selbstbefriedigung

THE DO-IT-YOURSELF PILOT
Der Vogel

THE DO-IT-YOURSELF HAPPENING
Das autogene Training

THE DO-IT-YOURSELF SUPERMARKET
Der Bauchladen

THE DO-IT-YOURSELF AUTHOR
Heygen/Küttner

THE DO-IT-YOURSELF PUB
Die Selbstbedienungs-Tankstelle

THE DO-IT-YOURSELF LIFT
Die Treppe

THE PUB-CHAMPION

Der Lokalmatador

EAT-PUB TO THE POOR-NIPPER

BEFORE EATING

VEGETABLE PUNCH	3,60
COLD DISH	4,60

HEAD MEALS

SWIMMING CHICKEN	6,90
CHICKEN PUZZLE	16,90
LAND-HUNTER-SAUSAGE	3,00
POT-MEAT WITH SKINPOTATOES	4,00
LITTLE CHEESE-SPARROWS	5,00
FLYMUSHROOM ONE-POT	Nothing
DEAF IN HIS OWN JUICE	10,00
POTATOMOB	20,00
PREGNANT POTATOES	30,00

AFTER TABLE

SEXY-CAKE WITH BEAT-CREAM	4,50
GENTLEMAN-CAKE	1,20
SPOON-CAKE (WITH THE SPOON)	35,00
CHERRY-POCKETS IN CRY-JELLY	4,50
STORM-BAGS	5,50

DRINK UPS

COLD DONALD	ONE TALER
DRYBERRY-OUTREADING	15,00
LIVER-COCKTAIL	5,00
WHO-COURAGE	1,00

Speise-Lokal zum Armen Schlucker

VORSPEISE

GEMÜSESUPPE	3,60
KALTSCHALE	4,60

HAUPTGERICHTE

SUPPENHUHN	6,90
HÜHNERFRIKASSEÉ	16,90
LANDJÄGER	3,00
NAPFSÜLZE MIT PELLKARTOFFELN	4,00
KÄSESPÄTZLE (schwäbische Spezialität)	5,00
FLIEGENPILZ-EINTOPF	NIX
TAUBE IM EIGENEN SAFT	10,00
KARTOFFELAUFLAUF	20,00
GEFÜLLTE KARTOFFELN	30,00

NACHTISCH

SPRITZKUCHEN MIT SCHLAGSAHNE	4,50
HERRENTORTE	1,20
LÖFFELBISQUIT (MIT DEM LÖFFEL)	35,00
KIRSCHTASCHEN IN WEINGELEE	4,50
WINDBEUTEL	5,50

GETRÄNKE

KALTE ENTE	1 TALER
TROCKENBEERENAUSLESE	15,00
LEBERTRAN	5,00
WERMUT	1,00

Runnie's

KRAUT & CARROT

KRAUT UND RÜBEN

HOW GOES IT – HOW STANDS IT?

Wie geht's – wie steht's?

*

2 GETHER – 4 EVER

Rick Astloch

*

I AM QUICK AND READY

Ich bin fix und fertig

*

EMPTY IN EAST-FRIESLAND

Leer in Ostfriesland

*

UPON THE LADIES

Auf die Damen! (Trinkspruch)

*

TO WOODPECK

Spechten

THE CONVERSATION-POCKETS

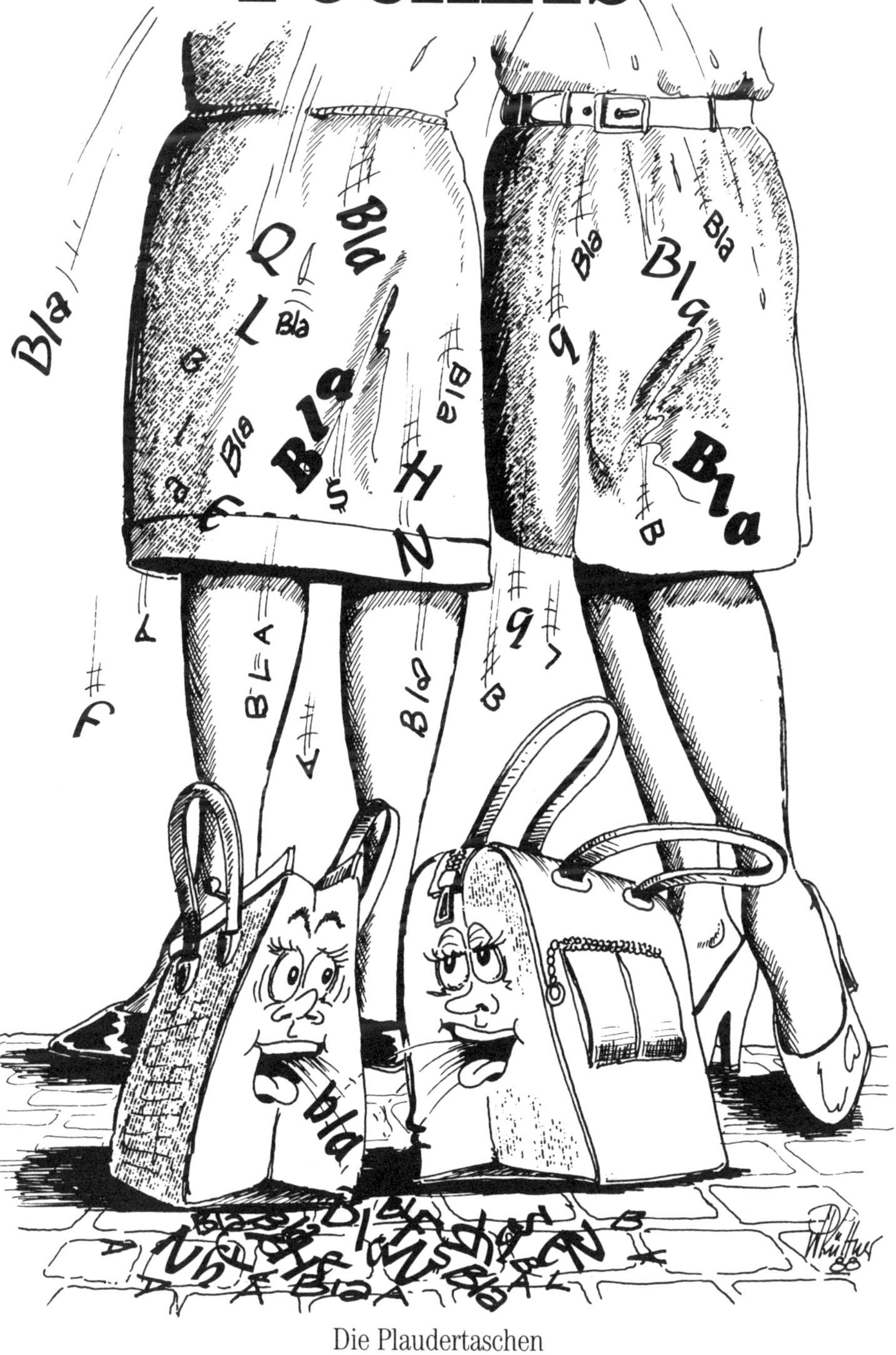

Die Plaudertaschen

THE EAT-MAP
Die Speisekarte

THE MONEY-TAILORY
Die Geldschneiderei

THE LADY-ROOM
Das Frauenzimmer

THE BLOWING-SENTENCE
Der Bläsersatz

THE WATER-MARCH-CAPTAIN
Der Feuerwehrhauptmann

THE BEFORE-THE-SHOT-FLOWERS
Die Vorschuß-Lorbeeren

THE ONE-WAY-FIRE-MACHINE
Das Einwegfeuerzeug

THE BLOODY-PIPELINE-CUT
Der Aderlaß

THE LADY WITHOUT UNDERGROUND
Die Dame ohne Unterleib

THE STAND-UP-GENTLEMAN
Das Stehauf-Männchen

THE MONDAY-PAINTERS
Die Montagsmaler

THE PIECE OF ART
Das Kunststück

THE HOLY BANG-BANG-PIPELINE
Das Heilige Kanonenrohr

THE NEVER-ENDING CAMELS
Die Karawane

THE POWER-CAR-PAPER
Der Kraftfahrzeugschein

THE FULL-BLOOD-MUSICIAN
Der Vollblutmusiker

THE HANDBELLS
Die Handschellen

THE PICTURE-UMBRELLA-JOB
Der Bildschirm-Arbeitsplatz

THE SWIMMING INK-POT

Der Tintenfisch

THE TWENTYFOUR-HOURS-FLY

Die Eintagsfliege

TIME-WORDS

Zeitwörter

TO HAVE SOMETHING ON THE BOX
Etwas auf dem Kasten haben

TO FEEL SOMEBODY ON THE TOOTH
Jemandem auf den Zahn fühlen

TO BRING SOMEONE AROUND THE CORNER
Jemanden um die Ecke bringen

TO LIE SOMEBODY ON THE POCKET
Jemandem auf der Tasche liegen

TO DRILL FOR OIL
In der Nase bohren

TO WRITE SOMETHING IN THE CHIMNEY
Etwas in den Schornstein schreiben

TO WHISTLE ON THE LAST OPENING
Auf dem letzten Loch pfeifen

TO DO A GOOD OPUS
Ein gutes Werk tun

TO SIT BEHIND SWEDISH COURTAINS
Hinter schwedischen Gardinen sitzen

WHAT MAKE THEY THERE, DAD?
Was machen die da, Papa?
THEY ARE PEOPLING AGAIN
Sie menscheln schon wieder
W. Kütter 1.89

THE PULL-BIRD
Der Zugvogel

THE BEACH-FARM
Das Strandgut

THE FOOT-STRIPE
Die Fußstreife

THE WALKING-CONSTRUCTION
Die Wanderbaustelle

THE DEAD-BODY-DIGGER
Der Leichengräber

THE HONEY-A-GO-GO
Der Schleuderhonig

THE NEVER-COMEBACK-CONTAINER
Der Sarg

THE BEAT-WORD-COLLECTION
Das Schlagwortregister

THE LITTLE JUMP-IN-THE-FIELD
Der kleine Springinsfeld

THE ACCIDENT-CONDOM-LAW
Die Unfallverhütungsvorschrift

THE BOTTLE-NEWS
Die Flaschenpost

THE HEAR-GEAR
Der Gehörgang

THE OVER-SEX-POWER
Die Überzeugungskraft

THE CORRIDOR-CLEANING
Die Flurbereinigung

THE PIG-LEG
Die Sauklaue

THE SHOOTING-MONEY
Das Schießpulver

THE SOUND-GROUND
Der Resonanzboden

THE SOUP-JOKER
Der Suppenkasper

THE TROUBLE-SITTING

Die Krisensitzung

SPEAKS

Sprüche

DRAW CORDEL!
Zieh Leine!

I TRAFFIC IN THE BEST CIRCLES
Ich verkehre in den besten Kreisen

SLIDE ME THE HILL DOWN!
Rutsch mir den Buckel runter!

HE IS OVER THE MOUNTAIN
Er ist über'n Berg

SAM'S DAY – BATHROOM-DAY
Samstag – Badetag

HE LIES IN THE LAST TRAINS
Er liegt in den letzten Zügen

GO WHERE THE PEPPER GROWS
Geh dahin, wo der Pfeffer wächst

HE HAS A MONKEY-TOOTH UPON
Er hat einen Affenzahn drauf

MARRY NOBODY OVER 30!
Trau' keinem über 30

THE BEAUTY-SPIRIT

Der Schöngeist

ONFLUIDS – Auflösungen

Mr. . . . : MISTER-MISTER (Popgruppe)
Runaways that are no Runaways:
THE PEPPERED PRICES

MEHR AUS DEM EICHBORN VERLAG

Die Riesengaudi für Büro, Schule & gesellige Abende: English for Runaways

Gag-English
Mit diesem Buch fing alles an: Im Nu wurde die Kunst der English-Verballhornung zum Volkssport. – Tolle Wortspiele und Zeichnungen. 24. Auflage!
10,– DM (01810)

Mehr Gag-English for Fans
This kitchen-english is strong tobacco. Aus Tausenden von Einsendungen sind hier die besten neuen Übersetzungs-Gags zusammengestellt. Tolle Zeichnungen und viel Stoff zum Lachen. **10,– DM** (01817)

Verschärftes Gag-English
Kaum zu glauben, aber wahr! Wer an den ersten beiden Runaway-Bänden sein Vergnügen hatte, wird jetzt ein wahres Gag-Feuerwerk erleben. **Trotzdem nur 10,– DM** (01880)

Die hinterletzten Englisch-Briefe. Sie lachen sich kaputt! Es schreiben sich: eine ostfriesische Mutter und ihr ausgewanderter Sohn. In urkomischem deutsch-amerikanischem Kauderwelsch. Zum Kaputtlachen schräg!

10,– DM (01877)

NEW Afterlast English-Letters
80 Seiten brandneue Schmunzel-Korrespondenz im Kitchen-English. Aus allen Lebensbereichen und in allen Lebenslagen. Witzig, deftig, pig-strong.

10,– DM (01876)

Die neue Dimension im Englisch: Bayerisches Englisch im Stil der Filserbriefe von Ludwig Thoma. Sprachverrenkungen, daß Sie sich vor Lachen auf die Schenkel hauen!
12,80 DM (02169)

MEHR AUS DEM EICHBORN VERLAG

Der größte & originellste Zitatenschatz

Das Werk von Ernst Günter Tange wächst sich zum größten Zitatenschatz unserer Zeit aus. Diese Aphorismen von Schauspielern und Dichtern, Politikern und Fernsehprominenz sind Spiegel der Gegenwart, »Steinbruch« für Redner und Lesevergnügen in einem.

Über 2000 bissige Pointen. Anwendbar in allen Lebenslagen. Diese Geistesfrüchte erlauchter und anonymer Geister verleihen Ihrer Rede die Würze, die rhetorischen Erfolg garantiert.
nur 16,80 DM (01089)

Der »NDR« meint: »Wenn Sie auch ein Fan von Ironie, Humor und Doppelsinn sein sollten, wenn Sie also zu den Querdenkern gehören, dann ist dieses Buch etwas für Sie.« – Über 2000 pfiffige Pointen.
16,80 DM (01097)

Stars, Schriftsteller, Moderatoren und andere TV-Geschädigte äußern sich originell bis bissig zum **Thema Fernsehen**. Illustriert.
16,80 DM (01250)

Die besten bissigen Bosheiten über **Liebe und Ehe, Mann und Frau**, Beziehungskisten und Seitensprünge. Sie schenkt's ihm, er schenkt's ihr. 186 anregende Seiten.
20,— DM (01251)

Ernst Günter Tange hat hier eine neue Schatzkammer geöffnet: die der witzigen Bonmots. Jede Wendung ein Volltreffer mit philosophischem Nachhall. – Illustriert von Schulmeyer.
16,80 DM (01252)